Barcelone

Pour le temps d'une aventure, d'une rencontre, d'une découverte…

D1437639

●●●●●●●●●●●●●●●●●●●●●●●●●●●●●● *Bon voyage !*

👁 À VOIR 🏃 À VISITER

💰 BON RAPPORT QUALITÉ / PRIX 💰💰 UN PEU PLUS CHER 💰💰💰 CHIC, CHER

SANT ADRIÀ
DE BESÒS

Besós

Passeig Maragall

Carrer de

Catalanes

Meridiana

Prim

Gran Via de les Corts

Hospital
de Sant Pau

d'Aragó

Carrer

PLAÇA DE LES
GLÒRIES CATALANES

EIXAMPLE

Avinguda

talanes

RIBERA

PARC DE
LA CIUTADELLA

Museu d'Art Modern

BARRI
GÒTIC

Zoo

Museu Picasso

Palau Reial

Cathédrale

Plaça Sant Jaume

PLAÇA REIAL

MER

2

BARCELONETA

MÉDITERRANÉE

rassanes

Gare
maritime

Port

4 Un peu plus loin

BIENVENUE À BARCELONE

(UTILE)
LE TEMPS QU'IL FAIT

Jan.	Fév.	Mars	Avr.	Mai	Juin	Juill.	Août	Sept.	Oct.	Nov.	Déc.
				22	25	27	28	26	22		
13	14	16	18							17	14

Températures moyennes en journée (°C)

Jan.	Fév.	Mars	Avr.	Mai	Juin	Juill.	Août	Sept.	Oct.	Nov.	Déc.
4	5	5	6	6	4	3	4	6	7	6	5

Nombre de jours de pluie par mois

BARCELONA

AVANT DE PARTIR
Tous les renseignements sur les formalités douanières s'obtiennent auprès de l'ambassade ou du consulat d'Espagne ■ À Paris : Office du tourisme espagnol, 43 ter, av. Pierre-Ier-de-Serbie, 75016. Tél. : 40 70 19 92.

Arriver en avion
● Aéroport international El Prat, à 12 km au sud de la ville. Pour rejoindre le centre ville :
■ **En train** : 15 min jusqu'à la gare de Sants, plaça de Catalunya et Arc de Triomf. De 6 h 15 à 22 h 45, toutes les 30 min.
■ **En bus** : de 6 h 30 à 23 h, départ toutes les 15 min vers plaça d'Espanya, plaça de la Universitat et plaça de Catalunya.
■ **En taxi** : tout dépend de la circulation !

Arriver en voiture
● De nombreuses autoroutes payantes desservent la ville. La vitesse est limitée à 120 km/h sur les autoroutes (*autopistas*), 100 km/h sur les voies rapides (*autovias*) et 90 km/h sur route (*carreteras*).

Arriver en bateau
● Dans le port à la Estación marítima. <u>M° Drassanes ou Barceloneta.</u>
■ **Informations :**
443 25 32.

(HISTOIRE)
Un comté indépendant et puissant dès le IXᵉ siècle

◆ À la fin du IXᵉ siècle, alors que l'Espagne est en grande partie terre arabe, Barcelone appartient aux Carolingiens, divisés après la mort de Charlemagne. Guifre Iᵉʳ, dit « le Velu », réunit les seigneurs de la Marche d'Espagne et se fait nommer comte de Barcelone et d'Urgell. La Catalogne prend son indépendance vis-à-vis des Francs et fonde la maison comtale de Barcelone, qui régnera pendant cinq siècles. De croisade en conquête, d'alliance en héritage, Barcelone devient une puissance importante, à l'image de Pise, Gênes ou Venise. Elle s'organise : première Constitution en 1064 ; Conseil des Cents, qui intègre les corporations de marchands, en 1266 ; création de la *Generalitat* en 1359. Elle règne sur de nombreux pays (l'Aragon, Valence, les Baléares, le Roussillon, Montpellier, Majorque), conquis pour la plupart par Jacques Iᵉʳ, et accumule les richesses. De grands travaux sont entrepris pendant ces siècles de prospérité. La vieille ville témoigne encore de cette urbanisation. ●●●

Une ville carthaginoise

Vers 237 av. J.-C., les Carthaginois fondent la ville de Barcelone, dont le nom viendrait de celui de leur chef, Hannibal Barca. Les Carthaginois ont utilisé la ville comme base arrière lors de leur expansion sur la péninsule, puis lors des fameuses guerres puniques (contre les Romains).

Arriver en train

● Quatre gares à Barcelone. Le réseau national est géré par la RENFE : ■ **Estación de Sants** : arrivée du *Talgo*, train rapide en provenance de Paris et Genève. M° Sants Estació. Plaça Països Catalans. ■ **Estación de França** : gare nationale et internationale. M° Barceloneta ■ **Gare du Passeig de Gràcia** : quelques trains pour Paris. M° Passeig de Gràcia ■ **Gare de la Plaça de Catalunya** : pour les villes frontalières françaises. M° Catalunya ■ **Informations sur le réseau ferroviaire : 490 02 02.**

(HISTOIRE)
Trois siècles noirs

Deux événements signent le déclin du comté de Barcelone. En 1492, la découverte du Nouveau Monde ouvre des voies maritimes qui laissent de côté le port de Barcelone. De plus, le mariage de Ferdinand II le Catholique, comte de Barcelone et roi d'Aragon, avec Isabelle de Castille, réalise l'unité politique de la péninsule : désormais, l'histoire de la Catalogne sera celle de l'Espagne. Quelques dates ou époques importantes : 1360, la Peste noire ; 1391, le pogrom ; XVe siècle, rébellions paysannes ; de 1635 à 1697, affrontements avec la France ; début du XVIIIe siècle, la guerre de la Succession d'Espagne. Les temps de prospérité sont bien loin. Les seuls monuments dont s'enrichisse la ville pendant ces siècles sont dus à des initiatives privées. Les marques de la Renaissance ou du baroque sont rares. ●●●

Se déplacer en taxi
● Les taxis sont très nombreux, peints en noir et jaune. On peut les héler dans la rue quand la petite lumière verte est allumée.
Pour en appeler un : 490 22 22.

Se déplacer en voiture
● La circulation peut être très difficile dans le centre ville, tout comme le stationnement. Les parkings sont nombreux, et leur prix raisonnable. La vitesse est limitée en ville à 60 km/h. Équipement antivol recommandé.

Se déplacer en train
● Les chemins de fer de la Generalitat desservent les localités voisines (Montserrat, Terrassa et San Cugat), ainsi que les plages. Départ de la Plaça de Espanya (tél. : 415 15 15) et de la Plaça de Catalunya (tél. : 490 02 02).

Louer une voiture
■ Avis, Rent-a-Car, Casanova, 209. Tél. : 209 95 33
■ Europcar, Consell de Cent, 363. Tél. : 317 58 76
■ Hertz, carrer Tuset, 10. Tél. : 370 57 52.

(UTILE)
ORIENTATION

La colonne vertébrale de la ville, c'est bien sûr les **Ramblas**. Avec, à l'est, le **Barri Gòtic**, la vieille ville, la **Ribera** et le parc de la **Ciutadella** ; à l'ouest, le quartier du **Raval** et le **Barrio Chino** ; et un peu plus loin, la colline de **Montjuïc**. Du côté du port, le quartier de la **Barceloneta** s'avance sur la mer. La place de **Catalunya**, en haut des Ramblas, marque le début de l'**Eixample**. Plus au nord s'étend le quartier de **Gràcia**, puis la visite continue vers **Tibidabo**.

ATTENTION !

Les plaques indiquant le nom des rues sont en catalan et non en espagnol.

Se déplacer en métro et en bus

● Quatre lignes de métro gérées par les *TMB* desservent la totalité de la ville. Chaque ligne a sa couleur, pour une utilisation facile. Les tickets et les abonnements sont en vente dans toutes les stations. La carte « T1 » donne droit à dix trajets sur tous les transports publics ; la carte « T2 » est réservée au métro. Les bus sont de couleur rouge dans le centre. Ils fonctionnent toute la journée, mais peu la nuit. **Renseignements : 412 00 00.**

● **La Sagrada Familia.** Emblème de la ville, cette étonnante cathédrale née des rêves du génial Antoni Gaudí est en chantier depuis le début du siècle. L'architecte souhaitait financer sa construction grâce aux aumônes de ses contemporains. Déroutés par l'aspect irrationnel de l'édifice, ceux-ci n'ont pas fait preuve d'une grande générosité. Peut-être que, comme le disait Cesar Martinell, moqueur : « La beauté de cette église tient à son inachèvement ! » (p. 49).

PETIT LEXIQUE CATALAN/CASTILLAN

■ Oui : si/si ■ Non : no/no ■ S'il vous plaît : si us plau/por favor ■ Merci beaucoup : moltes gràcies/muchas gracias ■ Bonjour : bon dia/buenos dias ■ Bonsoir : bona tarda/buenas tardes ■ Je cherche : cerco/busco ■ Je voudrais : voldria/quisiera ■ Pour aller à : per anar a/para ir a ■ Ça vaut combien ? : quant val ?/cuanto cuesta ? ■ À droite : a la dreta/a la derecha ■ À gauche : a l'esquerra/a la izquierda ■ Fermé : tancat/cerrado ■ Ouvert : obert/abierto.

(UTILE) OFFICE DU TOURISME

■ Dans le centre : Palau de la Virreina, La Rambla, 99. Tél. : 301 77 75. Ouvert tlj en été, sauf dimanche après 14 h ; hors saison, de 10 h à 14 h et de 16 h à 20 h.

● **Les Ramblas.** Sur plus d'un kilomètre, du port à la Plaça de Catalunya, s'étire la plus célèbre artère de Barcelone. Marchands de journaux, fleuristes, saltimbanques, cireurs de chaussures, diseuses de bonne aventure profitent du défilé ininterrompu de passants. Un concentré des charmes et des contradictions de la capitale catalane (p. 27).

● **Le parc de la Ciutadella.** À l'emplacement de l'ancienne forteresse de Philippe V se trouve un des rares espaces verts de Barcelone. Passage obligé pour se rendre au musée d'Art moderne, il serait dommage de ne pas profiter de ses allées à la française, de ses pièces d'eau et de ses curieux hivernacles, grandes serres modernistes (p. 32).

Un vaste choix d'hôtels

● La ville, qui accueille souvent des manifestations internationales, a une grande capacité d'hébergement. Mais les salons, les expositions et les visiteurs sont nombreux. Il faut donc s'y prendre à l'avance pour être sûr de ne pas voir tous les hôtels afficher « complet ». Toutes les catégories d'hôtels sont représentées, du palace à la petite pension de

famille. Les hôtels sont classés de une à cinq étoiles, à la différence des *hostals* ou *pensio*, petits établissements peu coûteux et au confort réduit, qui sont classés de une à trois étoiles. Le petit déjeuner est en général compris. Les prix sont toujours indiqués sans taxe.

> ### HÔTELS
> ■ **NOTRE SÉLECTION D'HÔTELS SE TROUVE DANS LES SOMMAIRES VISUELS DE CHAQUE ZONE** (PAGES 24-25, 36-37 ET 46-47).
>
> 🪙 MOINS DE 8 000 ptas
> 🪙 DE 8 000 À 15000 ptas
> 🪙 PLUS DE 15 000 ptas

(UTILE)
CONSULATS
■ **France : Passeig de Gràcia, 11.** Tél. : 317 81 50. <u>M° Passeig de Gràcia</u> ■ **Suisse : Gran Via de Carlos III, 94.** Tél. : 330 92 11. <u>M° Maria Cristina</u> ■ **Belgique : Disputatio, 303.** Tél. : 48 78 140. <u>M° Passeig de Gracia</u> ■ **Canada : Via Augusta, 125.** Tél. : 209 06 34. <u>M° Passeig de Gràcia.</u>

URGENCES
■ **Police : 091** ■ **Pompiers : 080** ■ **Secours divers : 092**

JOURS FÉRIÉS
1er janvier ■ **6 janvier** ■ **Vendredi saint, lundi de Pâques** ■ **1er mai** ■ **Lundi de Pentecôte** ■ **24 juin** ■ **15 août** ■ **11 septembre** ■ **12 octobre** ■ **1er novembre** ■ **8 décembre** ■ **25 décembre.**

Pour ceux qui n'ont pas réservé

● La Généralité publie une brochure, *Catalunya hotels*, qui fait l'inventaire de tous les lieux d'hébergement.

Ils y ont séjourné

● Picasso, au Ritz ; Miró, au Colon ; Michael Jackson, au Ramada Renaissance…

Les saisons

● La semaine sainte, les fêtes de Noël et l'été sont en « haute saison ». Tous les prix sont à majorer de 20 % au minimum.

Pour les jeunes

● Deux auberges de jeunesse en plein centre ville :

■ Albergue de la Juventud Kabul. Plaça Reial, 17. Tél. : 318 51 90. M° Liceu

■ Alberg Municipal Puhades (Hostal de Joves). Passeig Pujades, 29. Tél. : 300 31 04.

M° Arc de Triomf

La sardane

Dansée par les enfants, les jeunes et les moins jeunes, la sardane est la danse populaire catalane. La musique est jouée par une *cobla*, l'orchestre duquel s'échappe le son de la *tenora*, le hautbois. Ces rondes musicales remontent probablement à l'Antiquité grecque. Elles ont fasciné bien des artistes : Picasso en a représenté une sur le décor mural du Collège des architectes, en face de la cathédrale.

(HISTOIRE)
Une lutte acharnée pour l'autonomie

◆ À partir de 1412, l'histoire de Barcelone sera surtout l'histoire de la reconquête de son indépendance.

◆ **1412 :** Les rois de Castille gouvernent désormais la ville.

◆ **1640 :** Soulèvement de la Catalogne contre Philippe IV. Douze ans de guerre se terminent par le siège de Barcelone. Première défaite.

◆ **1713 :** Deuxième siège de Barcelone. La guerre de la Succession oppose Barcelone à Philippe V. Le 11 septembre 1714, la ville se rend. Le décret de Nova Planta supprime privilèges et Constitution.

◆ **Fin du xixe siècle :** Montée du catalanisme politique avec des personnalités comme Prat de la Riba, Cambo, Puig i Cadafalch et Francesc Macià.

◆ **1932 :** Statut de la Catalogne voté à Madrid. Elle dispose d'un Parlement.

◆ **1939 :** Barcelone, ville insurgée et fief des républicains, tombe aux mains de Franco.

◆ **1976 :** Manifestation spectaculaire après la mort de Franco. L'année suivante, la Generalitat est restaurée.

◆ **1979 :** Approbation par le Parlement espagnol du statut d'autonomie de la Catalogne.

(HISTOIRE)
L'autonomie aujourd'hui

Depuis une décennie, la Catalogne est relativement satisfaite de son statut, bien que les occasions de s'affirmer contre la capitale ne manquent pas. La Generalitat est composée d'un gouvernement de douze ministres et d'un président. 135 députés, élus au suffrage universel, forment le Parlement. À ces institutions il faut ajouter un Conseil consultatif, une Cour des comptes et un tribunal supérieur de justice. Sans oublier les sénateurs catalans siégeant à Madrid. La capitale espagnole conserve ses prérogatives en matière de politique étrangère et monétaire.

Une ville industrielle

Barcelone a toujours su développer une importante activité économique. C'est l'une des rares régions espagnoles à ne pas être passée à côté de la révolution industrielle du XIX⁰ siècle. Une bourgeoisie libérale et entreprenante, ouverte vers l'extérieur, héritière des grands marchands rivaux de ceux de Pise, Gênes et Venise, a fait de la Catalogne une locomotive économique. Aujourd'hui, la Catalogne affiche les chiffres d'une région développée : l'agriculture ne représente que 2,5 % de son économie, contre 38,5 % pour l'industrie et 59 % pour les services. ●●●

Une cuisine entre mer et terre

● La cuisine catalane est variée. Les spécialités de la région sont préparées à partir des produits de la mer et de la montagne ■ Les poissons sont proposés en sauce, *sarsuela*, ou au grill, *graellades*, accompagnés d'une grande variété de riz ■ La *bacallà* est de la morue séchée et salée, préparée de différentes façons ■ L'*escudella* est une soupe enrichie de viande ■ On trouve souvent du gibier en provenance des Pyrénées, accompagné de *escalivada*, la ratatouille locale ■ La viande est généralement servie avec un *pà amb tomàquet*, pain aillé enduit de tomate et arrosé d'huile d'olive ■ Il ne faut pas négliger les succulentes charcuteries du pays, avec la grande panoplie de saucissons : *llonganissa*, *fuets* et *espatec*.

> **BONNES ADRESSES**
> ■ VOUS TROUVEREZ DANS CHAQUE
>   DOUBLE PAGE DE VISITE (DU CÔTÉ
>   DE...) UN CHOIX DE RESTAURANTS.
> MOINS DE 2 500 ptas
> DE 2 500 À 5 000 ptas
> PLUS DE 5 000 ptas
>
> ＋ GRANDE TABLE

Ils y étaient
● Utrillo, Russinyol, Picasso, Miró, Tàpies aimaient se rencontrer, manger ou boire un verre au Els Quatre Gats, Carrer Montsio, 3. Tél. : 302 41 40. <u>M° Catalunya</u>

Quelques vins
● La Catalogne offre une production importante et variée de vins et de *cava*, vin mousseux et sucré. On a retenu : ■ Les vins rosés de l'Empordà ■ Les vins blancs secs de Penedès ■ Les crus de la région de Tarragona ■ Les *cavas* de Sant Sadurni d'Anoia.

Les habitudes
● Les Barcelonais passent beaucoup de temps à table : petit déjeuner léger, en-cas à 11 h, déjeuner prolongé par le café à 14 h et dîner vers 21 h. Pour patienter, il y a l'apéritif, accompagné des célèbres *tapas*. À midi, cafés, restaurants, *granjas* (pour les en-cas) proposent un *menù del dia*, souvent très honorable et que l'on peut consommer au comptoir.

POUR TÉLÉPHONER
■ Indicatif de l'Espagne : 34
■ Indicatif de Barcelone : 3
■ Communications interurbaines : 9 + ind.
■ Pour appeler en France : 07 + 33 + n°

(UTILE)
TÉLÉPHONES & POSTES

■ Bureaux de poste ouverts du lundi au vendredi de 9 h à 14 h ■ Bureau central : Plaça Antoni Lopez. Tél. : 318 38 31. Du lundi au vendredi de 8 h 30 à 22 h ; samedi de 9 h à 14 h ; dimanche de 10 h à 12 h ■ Timbres en vente dans les postes ou les bureaux de tabac ■ Télégrammes : 322 20 00 ■ Cabines téléphoniques à pièces ■ Renseignements – CEE : 008 ; hors CEE : 005 ; Barcelone : 003.

● **Barcelone et la musique.** Haut lieu musical de l'Espagne, la ville est riche d'une longue tradition qui compte de nombreux compositeurs, instrumentistes et chanteurs de renom : Isaac Albéniz, Enrique Granados, Pablo Casals... Le Gran Teatro del Liceu (p. 26, photo) et le Palau de la Musica Catalana (p. 33) proposent des concerts et des opéras de toute beauté. Mais n'oublions pas les sardanes sur le parvis de la cathédrale (p. 39), ni les groupes de rock qui animent les bars et les pubs du quartier de Gràcia (p. 20).

(UTILE)
FICHE D'IDENTITÉ

■ **Population** : 1,8 million d'habitants intra-muros ; 4 millions en incluant la conurbation ■ **Superficie** : 32 000 km² pour la Catalogne ■ **Langues** : catalan et espagnol.

Quelques distances à vol d'oiseau

■ **Paris** : 840 km ■ **Bruxelles** : 1 070 km
■ **Genève** : 630 km ■ **Rome** : 860 km
■ **Londres** : 1 140 km ■ **Berlin** :
1 500 km ■ **Lisbonne** : 1 000 km
■ **Madrid** : 510 km

● **Barcelone créative.** Architecture, peinture, design, tapisserie... La Catalogne a donné des artistes de renommée mondiale : Picasso, Miró, Gaudí, Tàpies, Mariscal et bien d'autres. Une créativité qui a trouvé ici l'inspiration et la liberté de s'exprimer pleinement. Le musée Picasso (p. 31), la fondation Miró (p. 51), la fondation Tàpies (p. 49) permettent de redécouvrir les parcours artistiques de ces personnalités.

● **Barcelone des promenades.** L'agitation des Ramblas (p. 27), la brise marine du port (p. 27, photo), le calme du parc Güell (p. 52), la poésie de la Barceloneta (p. 32), les terrasses de la Plaça Reial (p. 26) : autant d'endroits où la vie se déroule en plein air. Une bonne raison pour parcourir la ville à pied.

(UTILE)
BANQUES & CHANGE

■ Les banques sont en général ouvertes de 8 h 30 à 14 h en semaine, de 8 h à 13 h le samedi, avec parfois des variations saisonnières ■ On peut changer de l'argent les jours fériés et le dimanche à la gare de Barcelona-Sants et à l'aéroport jusqu'à 22 h environ ■ Nombreux guichets automatiques pour les cartes de crédit, qui sont largement acceptées par les commerçants.

MONNAIE
La monnaie nationale est la peseta (pta). Billets de 100, 200, 500, 1000, 5 000 et 10 000 pesetas. Pièces de 1, 2, 5, 10, 25, 100 et 500 pesetas.

Les grands magasins
■ El Corte Ingles. Plaça Catalunya, 14. <u>M° Catalunya</u>
■ Galerias Preciados. Portal del Angel, 19. <u>M° Catalunya</u>

Petite géographie des achats

● Barcelone compte d'innombrables boutiques. Chaque quartier a ses spécialités ■ L'Eixample, le luxe et les antiquités ■ Le Barri Gòtic, les petites boutiques d'artisanat et les grands magasins ■ Les Ramblas, l'alimentation et les souvenirs ■ La ville est surtout connue pour ses céramiques, ses dentelles, ses émaux, pour la mode et le design.

Les marchés

■ Marché aux puces « Els Encants » : Plaça Glories. Lundi, mercredi, vendredi et samedi de 8 h à 19 h.
M° Glories

■ Marché aux timbres et aux pièces : Plaça Reial. Dimanche de 10 h à 14 h.
M° Liceu

■ Foire aux antiquités : Plaça Nova, en face de la cathédrale. Tous les jeudis.
M° Jaume

■ Foire aux livres : Marché Sant Antoni. Dimanche de 10 h à 14 h. M° Poble Sec

Créativité

Barcelone a offert au XXe siècle nombre de ses plus grands artistes. Dans le domaine de l'architecture bien sûr, mais aussi dans celui de la peinture (Dali, Picasso, Miró, Tàpies étaient catalans), du design et de la mode. Ce nouvel âge d'or, dont rêvaient les modernistes, fait enfin rayonner la Catalogne dans le monde entier.

Modernisme

Le modernisme a changé à jamais le visage de Barcelone. À la fin du XIXe siècle naissait ce mouvement artistique totalement en marge de ce que l'on avait pu voir jusqu'alors. En intégrant les divers savoir-faire traditionnels dans des conceptions architecturales révolutionnaires, il bouleversait le paysage artistique et donnait une couleur à l'identité catalane.

C'est surtout dans l'Eixample que l'on peut admirer les œuvres de ses principaux représentants : Gaudí, Josep Puig i Cadafalch, Lluis Domenech i Montaner.

Horaires, soldes et paiements

● La plupart des magasins sont ouverts de 9 h à 13 h et de 16 h à 20 h du lundi au samedi ■ Les grandes surfaces font la journée continue de 10 h à 20 h ■ On peut payer en liquide ou par carte de crédit ■ Les soldes sont à la fin de l'hiver et à la fin de l'été, mais il est alors difficile de payer par carte bancaire.

Au rythme des rencontres internationales

Les nombreuses manifestations internationales organisées par la ville de Barcelone (Exposition universelle de 1888, Exposition internationale de 1929, jeux Olympiques de 1992) ont été l'occasion d'améliorations, d'assainissements et de constructions. Certains quartiers y ont perdu leur âme, d'autres ont retrouvé la vie. ●●●

Les quartiers qui bougent

● Barcelone est connue pour les débordements de ses nuits. Il y en a pour tous les goûts, pour tous les âges. On pourra sortir dans les boîtes et les bars à la mode, qui rivalisent d'inventivité. Le quartier des Ramblas (<u>M° Liceu</u>) reste animé la nuit, tout comme le quartier de Gràcia (<u>M° Fontana</u>), au-dessus de l'Eixample, ou celui de la Diagonal (<u>M° Diagonal</u>). On peut également passer une soirée mouvementée au Poble Espanyol (<u>M° Espanya</u>).

Les plages

● Il peut faire très chaud en été à Barcelone. Pour une petite baignade, le mieux est de se rendre en bus depuis la plaça d'Espanya à la plage de Castelldefels, au sud de la ville.

S'informer

● Programme des spectacles dans la *Guia del Ocio*, qui paraît tous les jeudis. Supplément « spectacle » tous les vendredis dans *El Pais*.

(UTILE)
QUELQUES MANIFESTATIONS

■ Janvier : du 1er au 5, Fira de Joguines ; le 5, fête des Rois mages ■ Février : dimanche précédant les Cendres, Carnaval ■ Mars : le 3, pèlerinage à la chapelle Sant Medir ■ Avril : le 23, Sant Jordi ■ Juin : le 23, nuit de Sant Joan ■ Août : la semaine du 18, Festa Major de Gràcia, fête du quartier ■ Septembre : la semaine du 24, Festa Major de la Mercè ■ Octobre : début de la saison musicale.

Le 23 avril, c'est la Saint-Georges, saint patron de la Catalogne. C'est aussi la fête des Amoureux et des Roses, la journée du Livre, ainsi que l'anniversaire de l'illustre Cervantes.

La musique

● Pour la musique classique et l'opéra, il faut se renseigner sur le programme de Gran teatro du Liceu (tél. : 301 67 87) et sur celui du Palau de la Musica Catalana (tél. : 301 11 04) ■ Les grands concerts de variétés s'organisent au Palau dels Esports, mais de nombreux concerts de jazz ou de rock se déroulent dans les bars ou les discothèques.

Pour les enfants

● Parc d'attractions de Tibidabo : d'avril à septembre samedi et dimanche de 11 h à 20 h. Se renseigner avant au 211 21 11. M° Tibidabo ■ Zoo de Barcelone : parc de la Ciutadella. En hiver, de 10 h à 17 h ; en été, de 9 h 30 à 19 h 30. M° Barceloneta ■ Voir aussi le musée de Cire, à la station Drassanes, le musée des Sciences à Tibidabo et le parc d'attractions de Montjuïc.

Antoni Gaudí (1852-1926)

Antoni Gaudí, le pionnier du modernisme, est présent partout à Barcelone. Principalement grâce à son mécène, Euschi Güell, cet architecte de génie, qui croyait en un art catalan nouveau, a pu laisser libre cours à sa créativité délirante. L'œuvre majeure de Gaudí, celle qui a orienté toute sa vie, c'est bien sûr la Sagrada Família. Mais chacune de ses créations est unique et vaut par elle seule. À Barcelone : Casa Batlló, Casa Calvet, Casa Milà, Casa Vicens, palau Güell, parc Güell, pavellons Güell, la Sagrada Família.

(HISTOIRE)
Le catalan

Le monde a découvert la langue catalane lors des jeux Olympiques. C'est une langue romane, issue du latin. Parlé depuis le XIe siècle, le catalan était la langue du peuple face au latin, langue des savants.

Le premier grand écrivain catalan est Ramon Llul (1233-1315), puis la poésie atteint des sommets avec Ausias March et Jaume Roig au XVe siècle. Il faut ensuite attendre « la Renaixensa » romantique, au XIXe siècle, pour retrouver de grandes personnalités comme Mossen Jacint Verdaguer (1845-1902) et Angel Guimerà (1845-1924). Plus proche de nous, on peut citer, entre autres brillants écrivains : Eduardo Mendoza, Juan Marsé et Manuel Vasquez Montalban…

Huit millions de personnes parlent aujourd'hui le catalan. En Espagne, mais aussi aux Baléares, au pays valencien, dans le sud de la France, en Andorre, à Alghero en Sardaigne… : autant d'endroits qui ont un jour été catalans. ●●●

Arc de Triomf

Pass

Lluís Com

ARC DE
TRIOMF

Ronda   de   Sant   Pere

C. d'Ortigosa de Trafalgar

C. Portal Nou

Carrer de

URQUINADNA

CATALUNYA

C. Sant Pere més Beix

RIBERA

PLAÇA DE
CATALUNYA

Palau
de la Música
Catalana

Ronda   Universitat

UNIVERSITAT

Ronda   Universitat

C. de Pelai

C. dels Tallers

C. dels Corders

Carrer de la Princesa

Mon

Mercat
Santa Caterina

La Rambla

Via   Laietana

C.   Joaquín   Costa

Ronda   de   Sant   Antoni

JAUME 1

Carrer del Carme

Santa Ma
del Mar

Palau Virreina

Mercat de la boqueria

Antic Hospital
Santa Creu

LICEU

C. de la Riera Alta

EL RAVAL

GranTeatre
del Liceu

PLAÇA REIAL

Mercat
Sant Antoni

C. de la Riereta

Palau
Güell

Passeig de Colom

PARAL.LEL
FUNICULAR

Carrer de Sant Pau

Nou de la Rambla

Monument
a Cristófol
Colom

Sant Pau
del Camp

DRASSANES

Ronda de Sant Pau

Av. de les Drassanes

PL. DEL PORTAL
DE LA PAU

Carrer

BARRIO
CHINO

Paral.lel

Drassanes

N
NO   NE
O   E
SO   SE
S

1 km

Font Monumental

Museu d'Art Modern 🏃

Ⓜ CIUTADELLA

Museu Zoologia

PARC DE LA CIUTADELLA

👁 Zoo

useu asso

Mercat del Born

Ⓜ BARCELONETA

BARCELONETA 👁

Passeig de Pujades

Passeig Picasso

arqués de l'Argentera

Passeig Maritim

Passeig Nacional

d'Espanya

ort 👁

● Les Ramblas — La Ribera — Parc de la Ciutadella.

De la place de Catalunya au port s'étirent les Ramblas, où le tout-Barcelone déambule, se rencontre, se donne en spectacle et discute aux terrasses des cafés. Chic et mode au nord, les Barcelonais s'encaillent au sud, dans le Barrio Chino, quartier chaud dont les rues étroites font grande place aux sex-shops et autres boîtes de strip-tease. Un peu plus haut, la plaça Reial, toute en jaune et blanc, est une oasis de calme et d'harmonie à l'heure de la pause. Il est alors temps de rejoindre la Ribera. De ce lacis de ruelles aux forts accents napolitains surgit le Carrer de Montcada : Picasso est là, incontournable. Et de poursuivre son chemin dans le parc de la Ciutadella le temps d'un canotage sur ses bassins ombragés.

Du côté del Raval
(p. 28-29)

- 🖼 **Barrio Chino**
- 🚶 **Palau Güell**
- 🚶 **Sant Pau del Camp**
- 🖼 **Mercat Sant Antoni**

Du côté des Ramblas
(p. 26-27)

- 🖼 **Gran Teatre del Liceu**
- 🖼 **Plaça Reial**
- 🖼 **Le long des Ramblas**
- 🖼 **Le port**

HÔTELS

🛏 **RAMADA RENAISSANCE**
RAMBLA, 111 (08002).
TÉL. : 318 62 00 / FAX : 301 77 76.
M° PLAÇA CATALUNYA OU LICEU

🛏 **REGINA**
C. DE BERGARA, 2 (08002).
TÉL. : 301 32 32 / FAX : 318 23 26.
M° CATALUNYA

🛏 **ORIENTE**
RAMBLA, 45-47 (08002).
TÉL. : 302 25 58 / FAX : 412 38 19.
M° LICEU

🛏 **INTERNACIONAL**
RAMBLA, 78-80 (08002).
TÉL. : 302 25 66 / FAX : 317 61 90.
M° LICEU

🛏 **CUATRO NACIONES**
RAMBLA, 40 (08 002).
TÉL. : 317 36 24 / FAX : 302 69 85.
M° LICEU

🛏 **ROMA**
PL. REIAL, 11 (08002).
TÉL. : 302 03 66 / FAX : 301 18 39.
M° LICEU

HÔTELS

🛏 **TRYP PRÉSIDENTE**
AV. DIAGONAL, 570 (08021).
TÉL. : 200 21 11 / FAX : 209 51 06.
M° DIAGONAL OU HOSPITAL

🛏 **TURIN**
PINTOR FORTUNY, 9 (08001).
TÉL. : 302 48 12 / FAX : 302 10 05.
M° CATALUNYA OU LICEU

🛏 **PELAYO**
C. DE PELAI, 9 (08001).
TÉL. : 302 37 27 / FAX : 302 72 68.
M° CATALUNYA

🛏 **LLEÓ**
C. DE PELAI, 24 (08001).
TÉL. : 318 13 12 / FAX : 412 26 57.
M° CATALUNYA

Du côté de la Ribera (p. 30-31)

- 👁 La Ribera, le quartier
- 🏃 Santa Maria del Mar
- 🏃 Museu Picasso
- 👁 Carrer de Montcada

HÔTELS

PARK HOTEL
AVDA MARQUÈS DE L'ARGENTERA, 11 (08003).
TÉL. : 319 60 00 / FAX : 319 45 19.
M° BARCELONETA

SANTA MARTA
C. GENERAL CASTAÑOS, 14 (08003).
TÉL. : 319 44 27 / FAX : 310 40 81.
M° BARCELONETA

Du côté du parc de la Ciutadella (p. 32-33)

- 👁 La Barceloneta
- 👁 Parc de la Ciutadella
- 🏃 Museu d'Art Modern
- 🏃 Palau de la Música Catalana

HÔTELS

DEL MAR
PL. PALAU, 19 (08003).
TÉL. : 319 33 02 / FAX : 310 40 81.
M° BARCELONETA

MARINA FLOCH
PASSEIG NACIONAL, 10 (08003).
TÉL. : 310 37 09 / FAX : 310 10 62.
M° BARCELONETA

Achats - Sorties

THEATRO POLIORAMA
RAMBLA, 115.
TÉL. : 317 75 99.
GUICHETS OUVERTS DE 12 H À 16 H
ET À PARTIR DE 20 H.
M° CATALUNYA

CAFÉ DE L'OPÉRA
LA RAMBLA, 74.
JUSQU'À 2 H DU MATIN.
M° LICEU
BAR DANS UN BEAU CADRE

MARCHÉ DE LA BOQUERIA
LA RAMBLA, 89.
JUSQU'À 20 H.
M° LICEU
HALLES
TRADITIONNELLES

ANTIGA CASA FIGUERAS
LA RAMBLA, 83.
M° LICEU
PÂTISSERIE

(chants)
GRAN TEATRE DEL LICEU.
Opéra ou oiseau des Ramblas : ouvrez les oreilles !

● Très grande scène lyrique ● Rivale de la Scala, de Covent Garden ou de l'Opéra de Paris ● Nijinsky, Anna Pavlova, Stravinsky, Prokofiev, Debussy, Satie, Strauss, Montserrat Caballé… y ont montré leur talent ●
▶ Rambla, 61. Tél. : 301 67 87. Guichets ouverts de 15 h à 19 h 30 du lundi au vendredi.
ARCHITECTES : Miquel Garriga i Roca et Josep Oriol Mestres.
M° Liceu

(mélange)
PLAÇA REIAL.
Tranches de vie, cosmopolitisme et palmiers.

● Pour déguster des *tapas* et passer un moment agréable ● Marché aux timbres le dimanche matin entre les arcades ● Lampadaires insolites de Gaudí ● Commerces licites et illicites ●
▶ CONSTRUCTION : entre 1848 et 1859. M° Liceu

À DÉCOUVRIR aussi ● Le pavage polychrome de Miró sur la promenade centrale des

👁 (foisonnement)
LE LONG DES RAMBLAS.
Une multitude de façades étonnantes, parapluies et dragons.

● Quelques curiosités ● Au n° 83, la pâtisserie de l'Antiga Casa Figueras, de style moderniste, décorée par Antoni Ros i Güell ● Au n° 82, la Casa Cuadros de Josep Vilaseca, décorée de parapluies ● Le Mercat Sant Josep (marché de la Boqueria) et le Palau de la Virreina aux chapiteaux baroques du XVIIIᵉ siècle, petit centre culturel ●

▶ **M° Liceu**

👁 (balade)
LE PORT.
Quitter la ville et rêver d'horizons lointains.

● Pour le panorama du haut du monument à Cristófol Colom ● Balade sur les quais ● À voir : la langouste de Javier Mariscal, les anciens arsenaux (*reials drassanes*) transformés en Musée maritime ● La réplique de la *Santa Maria*, le vaisseau de Colomb ●

▶ Le monument à Cristófol Colom. Tlj de 9 h à 21 h ; fermé à midi et plus tôt le soir en hiver. **M° Drassanes**

Restaurants

🪙 **LOS CARACOLES** PTGE ESCUDELLERS, 14. TÉL. : 302 31 85. TLJ JUSQU'À MINUIT. **M° DRASSANES** AMBIANCE SYMPATHIQUE

🪙 **AMAYA** RAMBLE SANTA MONICA, 24. TÉL. : 302 10 37. TLJ DE 9 H À 17 H. **M° DRASSANES** TAPAS ET SPÉCIALITÉS CATALANES

🪙 **CLUB MARITIMO** MOLL D'ESPANYA. TÉL. : 315 02 56. FERMÉ DIMANCHE SOIR ET LUNDI. **M° BARCELONETA** VUE SUR LE PORT ET LA VILLE

🪙 **EGIPTO** JERUSALEM, 3. TÉL. : 317 74 80. TLJ JUSQU'À 1 H. **M° LICEU** REPAS COPIEUX

Achats - Sorties

STUDIO 54
AVINGUDA DEL PARAL. LEL, 64.
DU VENDREDI AU DIMANCHE.
M° PARAL.LEL
DISCOTHÈQUE

LONDON BAR
CARRER NOU DE LA RAMBLA, 34.
DE 20 H À 3 H.
M° DRASSANES
JAZZ ET MUSIQUE BRÉSILIENNE

EL MOLINO
VILA Y VILA, 99.
TÉL. : 441 63 83.
TLJ SAUF LUNDI.
M° PARAL. LEL
CÉLÈBRE CABARET

GARCIA
RAMBLA, 4.
M° CATALUNYA
POUR ACHETER
DE LA PORCELAINE

 **(populaire)**
BARRIO CHINO.
Plus pittoresque que dangereux.
Linge aux fenêtres, gitans et chiromanciennes.

● Le quartier « chaud » de la ville, lieu de toutes les rencontres ● Une atmosphère haute en couleur, chantée par nombre d'écrivains ● Avec les jeux Olympiques, un grand nettoyage a été entrepris ● Quelques bars à la mode ●
▶ Entre les Ramblas et l'Avinguda del Paral.lel. M° Paral.lel ou Liceu

(vie)
SANT PAU DEL CAMP.
Quand un petit monastère est assiégé par la ville.

● Pour les amateurs de contrastes ● Une petite église romane du XIIIe siècle, qui se retrouve au milieu du « Pigalle » barcelonais ● Joli cloître des moines bénédictins ●
▶ Carrer de Sant Pau, 101. CONSTRUCTION : fondations du Xe siècle. Reconstruite vers 1120 ; portail et cloître du XIIIe siècle. Visites aux horaires de culte. M° Paral.lel

---

À DÉCOUVRIR aussi ● Antic Hospital de Santa Creu – le plus ancien hôpital du mond▸

🏃 (révolutionnaire)
PALAU GÜELL.
Premières armes et premières victoires de Gaudí.

● Construit en moins de trois ans pour la famille Güell ● À l'intérieur, le musée du Théâtre et des Arts du spectacle, dans un décor et des meubles d'une originalité toute gaudiesque ●

▶ Nou de la Rambla, 3. De 10 h à 13 h et de 17 h à 19 h du lundi au samedi.
CONSTRUCTION : 1886-1889. Bus : 14, 18, 49, 59. M° Liceu

👁 (foule)
MERCAT SANT ANTONI.
Aux terrasses et dans les allées bruissantes du marché.

● Superbes halles construites par Antoni Rovira i Trias ● Probablement inspirées des halles de Baltard à Paris ● Quartier populaire avec un certain charme ● Marché de numismatique et du livre tous les dimanches de 10 h à 14 h ●

▶ Angle Tamarit et Ronda de Sant Pau. M° Urgell ou Poble Sec

Restaurants

🍛 **CASA ISIDRO** LES FLORS, 12.
TÉL. : 441 11 39.
TLJ JUSQU'À 23 H 15, SAUF LE DIMANCHE ;
FERMÉ LE SAMEDI EN JUILLET ET TOUT LE
MOIS D'AOÛT. M° PARAL. LEL
CUISINE TRADITIONNELLE

🍛 **CAN LEOPOLDO** SANT RAFAEL, 24.
TÉL. : 241 30 14. TLJ JUSQU'À 23 H, SAUF
LE DIMANCHE SOIR ET LE LUNDI.
M° LICEU POISSONS ET FRUITS DE MER,
DANS LA GRANDE TRADITION

🍛 **ELCHE** VILA Y VILA, 71.
TÉL. : 241 30 89. TLJ JUSQU'À 23 H 30,
SAUF LE DIMANCHE SOIR.
M° PARAL. LEL PAELLAS

◯ **DUQUES DE BERGARA**
CARRER BERGARA, 11.
TÉL. : 301 51 51. TLJ JUSQU'À 23 H.
M° CATALUNYA

Achats - Sorties

NORMA
PASSEIG DE SANT JOAN, 9.
M° ARC DEL TRIOMF
POUR TROUVER UNE BD

MIRAMELINDO
PASSEIG DEL BORN, 15.
JUSQU'À 2 H (VENDREDI ET SAMEDI
JUSQU'À 3 H).
M° JAUME I
CAFÉ DE NUIT

BAR EL NUS
MIRALLERS, 5.
FERMÉ LE MERCREDI.
M° JAUME I
BAR DE QUARTIER

EL BORN
PASSEIG DEL BORN, 26.
TOUS LES SOIRS
JUSQU'À 2 H.
M° JAUME I
POUR BOIRE
UN COCKTAIL

(dédale)

**LA RIBERA, LE QUARTIER.
Petits métiers, galeries
d'art, restaurants et
discothèques.**

● Séparé du Barri Gòtic par
la via Laietana ● Quartier ar-
tisanal et populaire de la ville
médiévale ● Toujours vivant,
commerçant et très chaleu-
reux ● De petites places en
palais, de Santa Maria del
Mar au Palau de la Música
Catalana, un labyrinthe à ar-
penter ●

▶ **M° Barceloneta et Jaume I**

(senteurs)

**SANTA MARIA DEL MAR.
Café et épices embaument
l'élégante rue qui longe
l'église.**

● Très bel exemple du gothique flam-
boyant catalan ● Témoin de la
richesse d'un ancien quartier aristo-
cratique ● L'église est appelée «
petite cathédrale » par les gens du
quartier ● Vitraux, rosace, portail
sculpté et voûtes admirables ●
▶ **Plaça de Santa Maria.**
CONSTRUCTION : de 1328 à 1383.
M° Jaume I

À DÉCOUVRIR aussi ● Mercat del Born – manifestations diverses dans cette grande

🏃 (peinture)
MUSEU PICASSO.
Pour voir la vie en rose et bleu.

● Les œuvres de jeunesse de Pablo Picasso ● Parmi les plus célèbres : *l'Enfant malade* et *l'Arlequin* ● Un cadre unique – deux demeures seigneuriales du XVᵉ siècle – pour une œuvre que l'on ne présente plus ●
▶ Montcada, 15. Tél. : 319 63 10 ou 319 69 02. Du mardi au samedi de 10 h à 20 h ; dimanche de 9 h à 14 h. Mᵒ Jaume I

👁 (aristocratique)
CARRER DE MONTCADA.
Musées et boutiques, entre kitsch et couleur locale.

● Appelé aussi « carrer Picasso », car c'est un passage obligé pour se rendre au musée ● Rue du XIVᵉ siècle bordée d'anciens hôtels de style gothique ou Renaissance transformés en musées, galeries ou lieux d'exposition ● Nombreuses cours intérieures à découvrir ●
Mᵒ Jaume I

Restaurants

🪙 **SENYOR PARELLADA**
ARGENTERIA, 37.
TÉL. : 315 40 10. JUSQU'À 23 H ;
FERMÉ LE DIMANCHE. Mᵒ JAUME I
MODERNE ET ACCUEILLANT

🪙 **EL TUNEL** AMPLE, 33-35.
TÉL. : 315 27 59. TLJ DE 9 H
À MINUIT.
Mᵒ BARCELONETA CUISINE TYPIQUE

🪙 **SET PORTES**
PASSEIG D'ISABEL II, 14.
TÉL. : 319 30 33. TLJ DE 12 H À 1 H.
Mᵒ BARCELONETA

e du XIXᵉ siècle. Derrière Santa Maria del Mar.

Achats - Sorties

ZELESTE
ALMOGAVARS, 122.
TÉL. : 309 12 04.
DE 23 H À 4 H 30.
Mº MARINA
DISCOTHÈQUE

MUDANZAS
VIDRIERIA, 13.
Mº BARCELONETA
POUR BOIRE UN VERRE

ZIG-ZAG BAR
MOLL DE LA BARCELONETA.
À PARTIR DE 23 H.
Mº BARCELONETA
POUR BOIRE UN VERRE
EN PLEIN AIR

ELS ENCANTS
PLAÇA GLORIES
LUNDI-MERCREDI-
VENDREDI.
Mº LES GLORIES
MARCHÉ AUX
PUCES

👁 (maritime)
LA BARCELONETA.
Toute l'âme portuaire et populaire de Barcelone.

● Pour manger du poisson ou en acheter à la criée ● Le quartier des petites gens de la mer ● Construit au XVIIIᵉ siècle à partir d'un quadrillage de rues très régulier. Il devait accueillir les habitants de la zone occupée aujourd'hui par le parc de la Ciutadella, expropriés par Philippe V ●
▶ Bus 39 et 64. Mº Barceloneta

🏃 (musique)
PALAU DE LA MÚSICA CATALANA.
Chevaux ailés pour symphonies célestes.

● Un palais moderniste délirant, né du désir de faire connaître la musique populaire catalane ● Construit sous la direction de Lluis Domenech i Montaner entre 1905 et 1908 ● Mélange hallucinant de styles gothique, byzantin et arabe ● L'intérieur est à voir absolument ●
▶ San Francisco Paolo, 2. Tél. 301 11 04. D'octobre à juin. Visites sur rendez-vous. Mº Urquinaona

À DÉCOUVRIR aussi ● Le port olympique et son alignement de bars. Mº Ciutadella

🏃 (arsenal)
MUSEU D'ART MODERN.
Les œuvres d'art y ont remplacé les armes.

● Œuvres catalanes de la fin du XIXe siècle et du début du XXe ● Peu d'œuvres de Miró, Picasso ou Tàpies, mais le modernisme et le « noucentisme » sont bien représentés ● Pour découvrir de nombreux artistes inconnus ou oubliés ●

▶ Plaça d'Armes, à l'intérieur du parc. Tél. : 319 57 28. Du mardi au samedi de 9 h à 21 h ; dimanche de 9 h à 14 h ; fermé le lundi. M° **Ciutadella**

👁 (verdure)
PARC DE LA CIUTADELLA.
Idéal pour la sieste ou pour une petite promenade.

● Citadelle de Philippe V, détestée par les Barcelonais ● Rasée presque complètement et aménagée pour accueillir l'Exposition universelle de 1888 ● Aujourd'hui arc de triomphe, jardins, musées, zoo et nombreux monuments ● Grandes serres modernistes pour réceptions et défilés de mode ●

▶ Bus 14, 29, 40, 92. M°
Arc del Triomf

Restaurants

💰➕ **PASSADIS DEL PEP**
PLAÇA DE PALAU, 2.
TÉL. : 310 10 21.
TLJ DE 12 H À MINUIT, SAUF DIMANCHE.
M° BARCELONETA
POISSONS ET CRUSTACÉS

💰 **CAN MAJO**
ALMIRALL AIXADA, 23.
TÉL. : 221 54 55.
FERMÉ DIMANCHE SOIR ET LUNDI.
M° BARCELONETA
POUR MANGER DU POISSON

Palau Reial

Museu Marès

PLAÇA NOVA

Palau episcopal

PLAÇA DEL RE

PLAÇA SANT FELIP NERI

Cathédrale

C. del Bisbe Irurita

Palau del Lloctinent

Casa dels Canonjes

Palau de la Generalitat

PLAÇA SANT JOSEP ORIOL

Carrer Banys Nous

PLAÇA DE SANT JAUME

Carrer Casañas

Santa Maria del Pi

Carrer de

LICEU

M

Ajuntament

Carrer de Ferran

BARRI GÒTIC

La Rambla

Carrer d'Avinyó

PLAÇA REIAL

PLAÇA
RENGUER
L GRAN

 Museu d'Historia

JAUME I

Via Laietana

aint Justo
Pastor

Carrer del Sostinent

RIBERA

N · NO · NE · O · E · SO · SE · S

200 m

● **Cathédrale — Barri Gòtic.**

Autour de la cathédrale consacrée à sainte Eulalie, le Barri Gòtic prend des allures de château
fort : c'est la ville entre les murailles, le noyau à
partir duquel a grandi Barcelone. Labyrinthe de
ruelles, petites et anguleuses, où il fait bon flâ-
ner, il rassemble de nombreux musées (Frederic
Marès, vestiges romains, musée d'Histoire de la
ville) et palais dans une étonnante homogé-
néité architecturale. Sur la plaça Nova, anti-
chambre de la cathédrale, les échoppes rivalisent pour attirer les badauds. À l'heure de la
pause déjeuner, pourquoi ne pas emboîter le
pas à Pablo Picasso et rejoindre « Els quatre
Gats », mythique rendez-vous d'artistes ?

Du côté de la cathédrale
(p. 38-39)

- Barri Gòtic
- Plaça Nova
- Plaça Sant Felip Neri
- La cathédrale et sa place

HÔTELS

COLÒN
AV. CATEDRAL, 7 (08002).
TÉL. : 301 14 04 / FAX : 317 29 15.
M° URQUINAONA OU LICEU

ESPAÑA
SANT PAU, 9-11 (08001).
TÉL. : 318 17 58 / FAX : 317 11 34.
M° LICEU

LLORET
LA RAMBLA, 125 (08002).
TÉL. : 317 33 66 / FAX : 301 92 83.
M° LICEU

NOUVEL
CARRER DE SANTA ANNA, 20 (08002).
TÉL. : 301 82 74 / FAX : 301 83 70.
M° CATALUNYA

Du côté du Palau Reial
(p. 40-41)

- Plaça del Rei
- Palau Reial
- Museu d'Historia
- Museu Marès

HÔTELS

RIVOLI RAMBLAS
LA RAMBLA, 128 (08002).
TÉL. : 302 66 43 / FAX : 317 50 53.
M° CATALUNYA

MÉRIDIEN BARCELONA
LA RAMBLA, 111 (08002).
TÉL. : 318 62 00 / FAX : 301 77 76.
M° LICEU OU CATALUNYA

LE MONTECARLO
LA RAMBLA, 124 (08002).
TÉL. : 412 04 04 / FAX : 318 73 23.
M° LICEU OU CATALUNYA

GAUDÍ
NOU DE LA RAMBLA, 12 (08001).
TÉL. : 317 90 32 / FAX : 412 26 36.
M° LICEU

Du côté de la plaça de Sant Jaume
(p. 42-43)

- Plaça de Sant Jaume
- Palau de la Generalitat
- Ajuntament
- Sant Justo y Pastor

HÔTELS

GÓTICO
C. JAUME I, 14 (08002).
TÉL. : 315 22 11 / FAX : 310 40 81.
M° JAUME I

RIALTO
C. FERRAN, 42 (08002).
TÉL. : 318 52 12 / FAX : 318 53 12.
M° LICEU

JARDI
PLAÇA DE SANT JOSEP ORIOL (08002).
TÉL. : 301 59 00 / FAX : 318 36 64.
M° LICEU

INGLÉS
C. BOQUERIA, 17 (08001).
TÉL. : 317 37 70 / FAX : 302 78 70.
M° LICEU

👁 (magie)

PLAÇA NOVA.

Toute la vieille Barcelone, ses bars à *tapas* et ses joueurs de dominos.

● Pour se retrouver à la croisée des époques ● Tours romaines, remaniées à l'époque romane et au XVIe siècle, qui encadrent le Portal Del Bisbe (portail de l'Évêque) ● Décor de Picasso sur les murs du Collège des architectes ● Façade baroque du Palais épiscopal qui ferme la place ● Un grand marché aux esclaves s'y tenait au XVIIIe siècle ●

▶ **M° Catalunya**

👁 (îlot)

BARRI GÒTIC.

Se perdre dans ces ruelles sinueuses et pittoresques.

● Centre historique de la ville ● Vestiges de monuments romains, cachés sous les bâtisses médiévales ● Architecture du Moyen Âge ● Étonnante unité architecturale, malgré les incessantes modifications et restaurations ● Un quartier animé, très marchand, qui doit se parcourir à pied ●

▶ **M° Liceu ou Jaume I**

Restaurants

🍴 **AGUT D'AVINYO**
TRINITAT, 3 AVINYO, 8.
TÉL. : 302 60 34. TLJ DE 12 H À MINUIT.
M° LICEU GRAND RESTAURANT, GRANDE CAVE

🍴 **EL GRAN CAFÉ**
AVIGNYO, 9.
TÉL. : 318 79 86.
TLJ DE 12 H À 23 H 30, SAUF LE DIMANCHE.
M° LICEU DANS UN DÉCOR ART NOUVEAU

🍴 **EL CASAL**
CARRER DE LA TAPINIERA, 10.
TÉL. : 310 15 90. TLJ SAUF LE DIMANCHE
JUSQU'À 11 H 45. **M° JAUME I**

🍴 **LA MORERA**
PLAÇA SAN AGUSTI, 1. TÉL. : 318 75 55.
TLJ SAUF LE DIMANCHE. **M° LICEU**

À DÉCOUVRIR aussi ● La plaça Berenguer el Gran, par le carrer Tapineria – ensembl

 (simple)
PLAÇA SANT FELIP NERI.
Au coucher du soleil, quand le calme atteint la plénitude.

● Très romantique et pleine de charme
● Une façade Renaissance et une église baroque ● On y accède par de petites rues tortueuses ● Une place pour les poètes ● Mais aussi un musée de la Chaussure dans un petit palais ●
▶ **Mº Liceu**

(amusant)
LA CATHÉDRALE ET SA PLACE.
Quand le bon Dieu rassemble ses ouailles.

● Point culminant de la ville antique et médiévale ● Les restes de sainte Eulalie y sont conservés ● À voir : les stalles des chevaliers, la chapelle Sainte-Lucie, *le Christ* de Lépante, le musée du cloître et le cloître lui-même ● Sur la place, saltimbanques et sardanes ● La Casa de l'Ardiaca et la Casa dels Canonges ●
▶ **Carrer Santa Llucia.**
CONSTRUCTION : entre 1298 et 1448. Façade XIXe **siècle. Tlj de 7 h 30 à 13 h 30 et de 16 h à 19 h 30. Mº Jaume I**

 (soleil)

PLAÇA DEL REI.
L'astre au zénith donne aux vieilles pierres un air de fête.

● Superbe place à l'intérieur du Palau Reial, surmontée par le mirador del Mar : cinq étages et de belles arcades ● Les comtes de Barcelone et les rois d'Aragon y résidaient ● Des bâtiments accolés : le palais royal, le musée d'Histoire et le musée Marès ● Sur l'autel de la chapelle de la Reine, un beau retable de Jaume Huguet ●

▶ **Carrer del Comtes. M° Jaume I**

 QUO VADIS
CARME, 7.
TÉL. : 317 74 47.
TLJ DE 13 H À 23 H 30, SAUF LE DIMANCHE.
M° LICEU

CAN CULLERETES
ZUINTANA, 5.
TÉL. : 317 64 85.
TLJ DE 13 H 30 À 23 H, SAUF LE DIMANCHE
ET EN JUILLET.
M° LICEU

(fresque)

PALAU REIAL.
À la rencontre du Nouveau Monde.

● L'écrin du célèbre Salon del Tinell ● Immense galerie, théâtre de nombreux événements historiques, peut-être du premier entretien entre Isabelle de Castille et Christophe Colomb ● Saló del Tinell : 33 m de long sur 17 m de haut ●

▶ **Carrer del Comtes. Visite de 9 h à 20 h du mercredi au samedi ; de 9 h à 13 h 30 le dimanche ; de 15 h à 20 h le lundi. CONSTRUCTION :** XIᵉ siècle. Agrandi au XIVᵉ siècle, sous Pierre le Cérémonieux.
M° Jaume I

À DÉCOUVRIR aussi ● Le Palau del Lloctinent (palais du Lieutenant). Carrer del Comte

🏃 (terrasse)
MUSEU D'HISTORIA.
Un autre point de vue sur la plaça del Rei.

● Pour suivre l'évolution de Barcelone des Romains jusqu'à nos jours
● Un édifice gothique du XVIe siècle entièrement déplacé, pierre par pierre, de la rue Mercaders à la plaça del Rei lors du percement de la Via Laietana●

▶ Entrée par le carrer del Veguer. Tél. : 315 11 11. Tlj sauf le lundi, de 10 h à 16 h ; le dimanche et les jours fériés de 10 h à 14 h.
M° **Jaume I**

🏃 (verger)
MUSEU MARÈS.
Orangers et fontaines entourent cette drôle de collection.

● Frederic Marès était sculpteur, mais aussi collectionneur ● Salle d'antiquités et salle d'art roman ● Souvenirs de voyages et objets hétéroclites dans son musée sentimental ● Dans l'ancien verger du palais royal ●

▶ Comtes de Barcelona, 8. Tél. : 310 58 00. Du mardi au samedi de 10 h à 17 h ; le dimanche et les jours fériés de 10 h à 14 h. Fermé le lundi. M° **Jaume I**

e Barcelone. De 9 h à 13 h du lundi au vendredi. M° **Liceu**

(fête)
PALAU DE LA GENERALITAT.
Le cœur politique de l'autonomie.

● Tous les ans à la Saint-Georges, la liesse populaire envahit le palais pour la fête des Roses ● Deux façades, l'une de style classique, l'autre de style gothique ● Siège de la représentation du Parlement institué en 1283 ● Le président de la Generalitat s'adresse au peuple du balcon du palais ● Francès Macià y proclama la République catalane en 1931 avant d'être emprisonné ●

▶ De 10 h à 18 h sur demande. PORTAIL GOTHIQUE : 1416. Chapelle. CONSTRUCTION : XVᵉ-XVIᵉ siècles. FAÇADE : fin du XVIᵉ siècle. BALCON : 1860. M° Jaume I

(fraîcheur)
SANT JUSTO Y PASTOR.
Fontaines et cours intérieures.

● Peut-être la plus vieille église de Barcelone ● Longtemps fréquentée par les rois et les reines ● Beau retable du XVIᵉ siècle ● Curiosité : on peut y déclamer son testament en la présence de témoins ●

▶ Carrer Hercules. M° Jaume I

Restaurants

ELS QUATRE GATS
MONTSIO, 3 BIS. TÉL. : 302 41 40.
TLJ DE 9 H À MINUIT ;
LE DIMANCHE À PARTIR DE 18 H.
M° CATALUNYA
BAR LÉGENDAIRE, DÉCOR MODERNISTE

BRASSERIE FLO JONQUERAS, 10.
TÉL. : 319 31 02. TLJ DE 13 H À 16 H ET DE 20 H 30 À MINUIT ET DEMI. M° URQUINAONA
CUISINE FRANÇAISE, BRASSERIE

LA DENTELLERIE AMPLE, 26. TÉL. : 319 68 21.
TLJ JUSQU'À 23 H, SAUF LE DIMANCHE SOIR.
M° JAUME I OU DRASSANES CUISINE FRANÇAISE

LE CAFÉ DE LA ACADÉMIA LLEDÓ, 1.
TÉL. : 315 00 26. TLJ JUSQU'À 23 H, SAUF LE SAMEDI ET DIMANCHE SOIR. M° JAUME I

À DÉCOUVRIR aussi ● Le Carrer del Bisbe Irurita et la Casa dels Canonges (maison

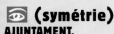 **(symétrie)**

AJUNTAMENT.

● Le Conseil des Cent fut institué au XIIIe siècle ● Façade gothique sur le Carrer de la Ciutat ● À l'intérieur : le Salon des Cent, le salon de réception, la chapelle, décors, sculptures et toiles de maîtres ●

▶ Visites sur rendez-vous.

FAÇADE PRINCIPALE : 1845, par Joan Mas. FAÇADE GOTHIQUE : XIVe siècle.

M° Jaume I

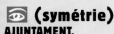 **(histoire)**

PLAÇA DE SANT JAUME.
Où les Catalans goûtent à la sauce catalane.

● Ancien forum de la ville romaine et centre névralgique de Barcelone ● On y fête les victoires, les manifestations y aboutissent ● Deux pouvoirs catalans se font face : la mairie et le gouvernement régional ●

▶ **M° Jaume I**

anoines, reliée au palais de la Generalitat par un pont gothique du XIXe siècle).

HORT

Ⓜ MONTBAU

Tunel de la Rubira

Ⓜ VALL D'HEBRON

PARC GÜELL

Ⓜ PENITENTS

Ⓜ ALFONS X

Ⓜ VALLCARCA

Mitre

Casa Vicenç

GRÀCIA   de

Ⓜ LESSEPS

Ⓜ JOANIC

C. de les Carolines

Ⓜ FONTANA

Travessera

General

Casa de Punxes

VERDA

del

Passeig

Casa Quadras

DIAGONAL

de Gràcia

Ronda

Avinguda

Cases Batllo, Amatller, Lleo Moreta

Pedre

PLAÇA FRANCESC MACIÀ

Ⓜ

PASS DE GRÀ

N NE
NO   E
O
SO   SE
S

Fondació Antoni Tàpies

1 km

Ⓜ HOSPITAL CLINIC

Carrer d'Arago

UNIVERSITAT

Ⓜ

Hospital
de Sant Pau

Pas. de Maragall

C. de Sant Antoni Maria Claret

Ⓜ CAMP DEL'ARPA

Meridiana

...racia

HOSPITAL
DE SANT PAU
Ⓜ

Ⓜ CLOT

...AGRADA
FAMÍLIA

Sagrada Família
🏃

d'Arago

GLÒRIES
Ⓜ

PLAÇA DE LES
GLÒRIES CATALANES

Av.

Catalanes

Diagonal

EIXAMPLE
👁

Passeig

les Corts

Avinguda

Via

de Sant Joan

Ⓜ MARINA

Ⓜ
ARC DE TRIOMF

URQUINAONA
Ⓜ

...UNYA

...LAÇA DE
TALUNYA

PARC DE
LA CIUTADELLA

● L'Eixample
— Montjuïc — Parc Güell.

L'Eixample est le quartier moderniste. Au nord, il dessine un quadrillage de rues inspiré de celui de Manhattan à New York. Paradoxalement, c'est là qu'on rencontre les formes les plus molles, quasi liquides de l'incontournable Gaudí. Dont la plus invraisemblable est la Sagrada Família, église comme aucune autre. Par le téléphérique, l'approche sur Montjuïc est surnaturelle à la nuit tombée. Grande aire de loisirs sportifs, la colline regroupe plusieurs musées : la Fondation Miró, le Poble Espanyol, le musée d'Art de la Catalogne. Rien de plus normal après une telle journée que d'aller se poser au Parc Güell, décor féerique d'Alice au pays des merveilles.

Du côté de l'Eixample (p. 48-49)

- L'Eixample, le quartier
- Les Cases
- Fundació Antoni Tàpies
- Sagrada Família

HÔTELS

RITZ GRAN VIA, 668 (08 010). TÉL. : 318 52 00 / FAX : 318 01 48. M° PASSEIG DEL GRÀCIA OU CATALUNYA

CONDES DE BARCELONA PASSEIG DE GRÀCIA, 75 (08008). TÉL. : 487 37 37 / FAX : 487 14 42. M° PASSEIG DE GRÀCIA

DANTE MALLORCA, 181 (08036). TÉL. : 323 22 54 / FAX : 323 74 72. M° PROVENÇA

CARTUJA C. TORDERA, 43 (08012). TÉL. : 213 33 12. M° JOANIC

GRANVIA GRAN VIA DE LES CORTS CATALANES, 642 (08007). TÉL. : 318 19 00 / FAX : 318 99 96. M° URQUINAONA

ARENAS C. CAPITA ARENAS, 20 (08034). TÉL. : 280 03 03 / FAX : 280 33 92. M° MARIA CHRISTINA

MIKADO PASSEIG DE LA BONANOVA, 58 (08017). TÉL. : 211 41 66 / FAX : 211 42 10. M° SARRIÀ

Du côté de Montjuïc
(p. 50-51)

HÔTELS

CORONADO
NOU DE LA RAMBLA, 134 (08004).
TÉL. : 442 34 48 / FAX : 443 22 89.
M° PARAL.LEL
ET FUNICULAIRE PARAL.LEL

Du côté
des quartiers nord
(p. 52-53)

👁 (carré d'or)
LES CASES. Maisons biscornues pour esprits tordus.

● La Mançana de la Discordia, Casa Battló de Gaudí, Casa Lleo Morera de Domenech i Montaner et Casa Amatler de Puig i Cadafalch ● *La Pedrera*, ou Casa Milà, et Casa Vicenç de Gaudí ●

▶ Mançana de la Discordia : passeig de Gràcia, 41. M° Passeig de Gràcia. Casa Vincens : Carolines, 18-24. M° Fontana. Tlj. *La Pedrera* : passeig de Gràcia, 92. M° Diagonal

KGB ALEGRE DE DALT, 55. TÉL. : 410 59 06. TLJ DE 16 H À 22 H ; LE DIMANCHE JUSQU'À 4 H DU MATIN. M° JOANIC DISCOTHÈQUE ET CONCERTS

THÉÂTRE LLIURE CARRER MONTSENY, 47. TÉL. : 418 92 51. M° FONTANA POUR UNE SOIRÉE

ADOLFO DOMINGUEZ PASSEIG DE GRÀCIA, 59. M° DIAGONAL DESIGN-DÉCORATION

VINÇON PASSEIG DE GRÀCIA, 96. M° DIAGONAL POUR RAMENER DES CADEAUX CHIC

🏃 (arts)
FUNDACIÓ ANTONI TÀPIES. Abritée par une surprenante sculpture *Nuage et Chaise*.

● Pour s'apercevoir que Barcelone ne s'est pas arrêtée avec le modernisme ● Travail de la matière, du sable et de la terre ● La forme des choses redessinée avec des objets de récupération et de la peinture ●

▶ Arago, 255. Tél. : 487 03 15. De 11 h à 20 h, sauf le lundi. M° Passeig de Gràcia

---

À DÉCOUVRIR aussi ● L'Hospital de Sant Pau, de Domènech i Montaner. Sant Ant▶

(contemporain)

L'EIXAMPLE, LE QUARTIER.
Toutes les folies du
modernisme, au détour des
rues de ce damier.

● Pour voir l'essentiel des œuvres majeures du modernisme ● Quartier quadrillé au XIXᵉ siècle par l'urbaniste catalan Ildefons Cerdà ● La place de Catalogne, nouveau centre de la ville ● Le mondain passeig de Gràcia. Restaurants, magasins de luxe et salons de thé ● Le quartier de la mode et des stylistes ●

▶ **Mº Passeig de Gràcia**

Restaurants

+ JAUME DE PROVENÇA
PROVENÇA, 88. TÉL. : 430 00 29.
TLJ DE 12 H À 23 H 30, SAUF LE DIMANCHE,
LE LUNDI ET AU MOIS D'AOÛT. Mº ENTENÇA
GRANDE CUISINE

+ OROTAVA CONSELL DE CENT, 335.
TÉL. : 302 31 28. FERMÉ DIMANCHE MIDI.
Mº PASSEIG DE GRÀCIA POUR MANGER DU
GIBIER EN ÉCOUTANT DE LA MUSIQUE

BOTAFUMEIRO GRAN DE GRACIA, 81.
TÉL. : 218 42 30. TLJ DE 13 H À MINUIT.
Mº FONTANA VINS ET POISSONS

FINISTERRE DIAGONAL, 469.
TÉL. : 439 55 76. TLJ DE 13 H À 6 H DU MATIN.
Mº DIAGONAL DÉCOR D'ESTRELLA SALIETTI

(stupéfiant)

SAGRADA FAMÍLIA.
Pour Jean Cocteau :
« Ce n'est pas un gratte-
ciel, c'est un gratte-idées. »

● Pour prendre parti à son tour ● La Sagrada Família, la Sainte Famille, chef-d'œuvre de Gaudí ● Église fantastique et monstrueuse, toute en mouvement, aux influences multiples ● L'emblème de la ville ● En construction depuis 1882 ●

▶ Plaça de la Sagrada Família.
Tlj de 10 h à 19 h, sauf le samedi. Mº Sagrada Família

(couleurs)
FUNDACIÓ JOAN MIRÓ.
« Un, deux, trois – soleil » pour un des génies catalans.

● Pour suivre le parcours de Miró (1893-1983) étape par étape ● Dans un édifice moderne, achevé en 1974 par Josep Lluís Sert ● Lumière, verre et béton pour couleurs éclatantes ● Expositions temporaires ●
▶ Mirador del Palau, 6. Montjuïc. Tél. : 423 71 99. Du mardi au samedi de 11 h à 19 h ; dimanche et jours fériés de 10 h 30 à 14 h 30 ; nocturne le jeudi jusqu'à 21 h 30. M° Espanya

(inépuisable)
MUSEU NACIONAL D'ART DE CATALUNYA.
Admirer le jeu des « fontaines magiques » devant le palais.

● Un incontournable ● Une des plus belles collections d'art roman du monde ● Des œuvres gothiques, de la Renaissance, des époques baroque et néo-classique ● Tableaux d'El Greco, de Velázquez… ● L'architecte du musée d'Orsay, Gae Aulenti, est chargée du réaménagement ●
▶ Mirador del Palau.
Tél. : 423 71 99. Du mardi au dimanche de 9 h à 14 h.
Bus 61. M° Espanya

Achats - Sorties

POBLE ESPANYOL JUSQU'À 6 H DU MATIN.
M° PLAÇA D'ESPANYA
BARS-RESTAURANTS

TORRE DE AVILA DANS LA TOUR D'ENTRÉE DU POBLE ESPANYOL.
TÉL. : 424 93 09. À PARTIR DE 22 H.
M° PLAÇA D'ESPANYA BAR TRÈS À LA MODE

TEATRE GREC PASSEIG SANTA MADRONA.
TÉL. : 426 18 75. M° PLAÇA D'ESPANYA
POUR UNE SOIRÉE CULTURELLE

ARTESANIA DEL VIDRE CATALÀ
POBLE ESPANYOL. M° PLAÇA D'ESPANYA
VERRERIE

À DÉCOUVRIR aussi ● Le cimetière, sur le flanc de la colline de Montjuïc – cavea

⊚ (multiples)
PARCS JOAN MIRÓ ET ESPANYA INDUSTRIAL.
Ils contemplent la ville et le port.

● Deux parcs très modernes
● Aménagement d'anciennes installations industrielles
● Quand la verdure reprend sa place ● La célèbre sculpture de Miró *Dona i Ocell* (*Femme et Oiseau*) ●

▶ Parc Joan Miró.
M° Espanya. Parc de l'Espanya Industrial.
M° Sants Estació

Restaurants

⊜ **FONT DEL GAT**
PASSEIG SANTA MADRONA.
TÉL. : 424 02 24.
TLJ DE 13 H À 23 H, SAUF LE LUNDI.
M° PLAÇA D'ESPANYA
AU MILIEU DES ARBRES

⊜ **BALI** AV. MIRAMAR.
TÉL. : 441 36 09.
TLJ JUSQU'À MINUIT, SAUF LE LUNDI.
M° ESPANYA, BUS 61
CUISINE INDONÉSIENNE

⊜ **RESTAURANT DE LA FONDATION MIRÓ** PARQUE DE MONTJUÏC –
À L'INTÉRIEUR DE LA FONDATION MIRÓ.
TÉL. : 329 07 68. TLJ JUSQU'À 19 H, SAUF LUNDI ET LE DIMANCHE JUSQU'À 14 H 30.
M° PARAL.LEL + FUNICULAIRE PARAL.LEL

⊚ (olympien)
MONTJUÏC, LE QUARTIER.
Berceau des Jeux de 1992 – Montjuïc, la colline verte.

● Installations sportives, parc d'attractions, forteresse, musées et curiosités comme les arènes ou la fontaine lumineuse ● Espace aménagé pour l'Exposition internationale de 1929 et les jeux Olympiques de 1992 ●

▶ M° Plaça d'Espanya. Téléphérique : Moll de Barcelona ou Moll Nou. M° Paral.lel + Funiculaire

👁 (inoubliable)
PARC GÜELL.
Quand l'insolite accouche paradoxalement du calme et de la sérénité.

● Pour halluciner paisiblement ● Né de l'idée de Güell et Gaudí d'une cité-jardin ● Projet resté inachevé ● Tel quel, il suscite l'admiration et l'étonnement ● À l'intérieur : la Casa-museu Gaudí ●
▶ De 10 h à 14 h et de 16 h à 19 h, sauf le samedi. **M° Lesseps**

Achats - Sorties

MIRABLAU-BAR
PLAÇA DR. ANDREU.
TÉL. : 418 58 79. TLJ DE 14 H À 5 H.
FACE AU DÉPART DU FUNICULAIRE.
BAR MUSICAL PANORAMIQUE

ALKIMIA AMIGO, 35.
M° MUNTANER
LIBRAIRIE ÉSOTÉRIQUE ET BOÎTE DE NUIT

PARTYCULAR AVINGUDA DEL TIBIDABO, 61.
M° TIBIDABO + TRAMVIA BLAU
BAR DANS UN ANCIEN CHALET

EL CELLER DE GELIDA
VALLESPIR, 65. **M° PLAÇA DEL CENTRE**
POUR ACHETER DU VIN

🏃 (promenade)
PALAU Y JARDÍ DE PEDRALBES.
Bassins et sous-bois flâneurs.

● Quartier chic ● Non loin du stade du fameux « F. C. Barcelone » ● Palais de style italien construit au début du siècle ● Intérieur richement meublé ● On peut le visiter si aucune personnalité n'y réside ● Autour, beaux jardins, animés le dimanche ●
▶ Tél. : 203 52 85. De 9 h 30 à 14 h.
Bus 22, 64, 75. M° Palau Real

À DÉCOUVRIR aussi ● Le quartier de Gràcia, animé tard le soir. **M° Fontana**

🏃 (cloître)
MONASTIR DE PEDRALBES.
Le paradis des petites sœurs de Sainte-Claire.

● Monastère des Clarisses ● À l'intérieur, joli cloître avec trois rangées d'arcades superposées ● Tombeau de la reine Elisenda de Montcada ● Beaux vitraux et splendide chapelle Saint-Michel, avec les peintures de Ferrer Bassa ●

▶ Tél. : 203 92 82. CONSTRUCTION : début du XIVᵉ siècle. STYLE : gothique catalan. Visite de 10 h à 14 h du mardi au dimanche ; de 10 h à 17 h le samedi. Fermé le lundi. <u>Mᵒ Palau Real</u>

👁 (panorama)
TIBIDABO.
Sa grande roue illuminée est un repère dans la nuit et une porte vers la campagne toute proche.

● Parc d'attractions et musée des Sciences ● Montagne dédiée au Sacré-Cœur par saint Jean de Bosco en 1885 ● Sur les collines de Collserola, le parc du Labyrinthe ●

▶ Parc du Labyrinthe : <u>Mᵒ Montbau</u>. Musée des Sciences, Teodor Roviralta, 55. Du mardi au dimanche, de 10 h à 20 h. <u>Mᵒ Tibidabo</u>, puis prendre le <u>Tramvia Blau</u>. <u>Téléphérique</u> jusqu'au parc d'attractions.

Restaurants

🍴 **ELDORADO PETIT**
DELORS MONSERDA, 51.
TÉL. : 204 51 53.
TLJ DE 13 H 30 À 2 H 30 DU MATIN,
SAUF LE SAMEDI MIDI ET LE
DIMANCHE.
<u>Mᵒ REINA ELISENDA</u>
POISSONS ET FRUITS DE MER

🍴 **FLORIAN**
BERTRAN I SERRA, 20.
TÉL. : 212 46 27.
FERMÉ DIMANCHE.
<u>Mᵒ TRES TORRES</u>
PLATS RECHERCHÉS

🥟 **LA VENTA**
PLAÇA DR. ANDREU.
TÉL. : 212 64 55.
TLJ DE 12 H À 23 H 30, SAUF LE
DIMANCHE.
<u>FUNICULAIRE DE TIBIDABO</u>
AU PIED DU FUNICULAIRE,
DOMINE LA VILLE

(majestueux)

MONTSERRAT.
**Essayer d'être là pour
le lever du soleil.**

● Massif spectaculaire ● Monastère bénédictin ● Lieu de pèlerinage dès le XIe siècle ● On vient toujours prier la Vierge noire dans la basilique ● Haut lieu de la spiritualité comme de la culture ● Chorale et peintures renommées ●

▶ Vierge noire : tlj de 8 h à 10 h 30, de 12 h à 13 h 30, de 15 h à 18 h. *Salve Regina* à 13 h et 18 h 45 ; messe à 11 h tlj. Musée : de 10 h 30 à 14 h et de 15 h à 18 h. Train puis téléphérique de Aeri de Montserrat à partir de la plaça d'Espanya. Moins de 1 h 30 de trajet.

(contraste)

TERRASSA.
**Le Moyen Âge y contemple
le XXe siècle.**

● À 17 km de San Cugat ● Connue pour ses trois églises du haut Moyen Âge catalan (Santa Maria, Sant Miquel et Sant Pere) et pour quelques-uns de ses édifices modernistes ● À voir aussi le Castell de Vallparadis, forteresse aménagée en musée d'art ●

▶ Castell de Vallparadis. 17, Carrer Salmeron. Par l'autoroute A 18. Trains de la place de Catalogne

À DÉCOUVRIR aussi ● **Balade à Montserrat – accéder à pied à l'ermitage de Sai**

(détour)
SANT CUGAT DEL VALLÈS.
Le séduisant arrière-pays catalan.

● Ancien monastère bénédictin, surtout réputé pour son cloître roman composé de quatre galeries ● Les fouilles entreprises au début de ce siècle ont mis à jour un monument funéraire paléochrétien ●

▶ **De la place de la Catalogne, prendre les <u>trains de la Generalitat</u>**

(centre)

VIC.
**Aux alentours, de belles églises romanes
s'offrent aux promeneurs.**

● À 66 km de Barcelone ● Dans la cathédrale Saint-Pierre,
peintures murales, retable de Pere Oller, cloître ● Musée
épiscopal riche en collections d'art roman et gothique
● Pour l'ambiance, la plaça Major, cœur de la ville ●

▶ Musée épiscopal : de 10 h à 13 h et de 16 h à 19 h ;
dimanche et jours fériés de 10 h à 14 h. Fermé le 25
décembre, l'après-midi du 1er novembre au 30 avril, les 5 et
6 juillet. CONSTRUCTION : cathédrale de 1781 à 1803 ;
crypte en 1038 ; clocher au XIe siècle.

À DÉCOUVRIR aussi ● Premià de Mar, à 18 km – très estival et en bord de mer.

(plage)

SITGES.
Le Tout-Barcelone s'y presse quand la chaleur agresse.

● Ville aux multiples visages teintés d'histoire ancienne ● Période d'effervescence artistique à la fin du XIXe siècle ● Un des lieux de rendez-vous des modernistes ● Plages de sable fin, réputées et très fréquentées ● Le musée d'Art médiéval et moderne Cau Ferrat ●

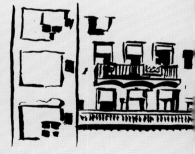

(charme)

GÉRONE.
Des ruelles étroites, des maisons colorées et un je-ne-sais-quoi envoûtant.

● Les monuments rivalisent de beauté ● La cathédrale gothique, son cloître et son musée ● Palais épiscopal, musée d'Art médiéval ● Les bains arabes ●
▶ Musée Capitular (musée de la cathédrale). Tlj de 10 h à 13 h et de 16 h 30 à 19 h ; dimanche et jours fériés de 10 h à 13 h. Fermé le lundi. CONSTRUCTION (de la cathédrale) : du XIVe au XXe siècle.
▶ Bains arabes : Carrer Ferran el Catolic.

	PRÉVU		RÉEL
	MINI	MAXI	
VOYAGE			
HÔTEL			
RESTAURANT			
TRANSPORT			
SHOPPING			
DIVERS			
TOTAL			

DÉPENSES JOURNALIÈRES

NOTES

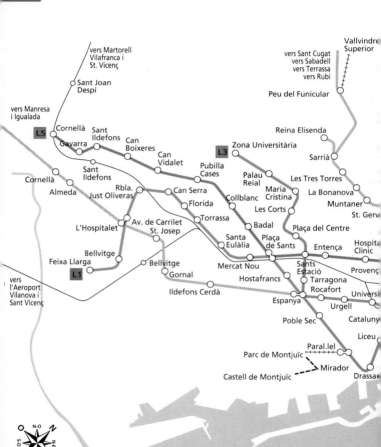

62

vers Martorell
Vilafranca i
St. Vicenç

Sant Joan
Despí

vers Sant Cugat
vers Sabadell
vers Terrassa
vers Rubi

Vallvindre
Superior

Peu del Funicular

vers Manresa
i Igualada

L5 Cornellà

Gavarra

Sant
Ildefons

Can
Boixeres

Can
Vidalet

Reina Elisenda

L3 Zona Universitària

Sarrià

Cornellà

Sant
Ildefons

Almeda

Rbla.
Just Oliveras

Can Serra

Florida

Pubilla
Cases

Palau
Reial

Maria
Cristina

Collblanc

Les Corts

Les Tres Torres

La Bonanova

Muntaner

St. Gerv

L'Hospitalet

Av. de Carrilet
St. Josep

Torrassa

Badal

Santa
Eulàlia

Plaça
de Sants

Plaça del Centre

Entença

Hospita
Clinic

Bellvitge

Feixa Llarga

L1

Bellvitge

Gornal

Mercat Nou

Hostafrancs

Sants
Estació

Tarragona
Rocafort

Provenç

vers
l'Aeroport
Vilanova i
Sant Vicenç

Ildefons Cerdà

Espanya

Poble Sec

Urgell

Univers

Cataluny

Liceu

Paral.lel

Parc de Montjuïc

Castell de Montjuïc

Mirador

Drassa

N-O
N
N-E
O
E
S-O
S
S-E